परिवा

डॉ. जनार्दन राय

माता - पिता
की
स्मृति को सादर....

क्रम-सूची

क्रम-सूची

उद्‌गार

आप ही से अपने लिए, अपने कर, कुछ लिखना उचित तो नहीं किन्तु आवश्यक सा लगता है। 'परिवा' अपरिपक्व ज्ञान एवं लड़खड़ाती हुई लेखनी की देन है। स्वर बन कण्ठ से फूटे, कलम से कागज पर उतरे शब्दों को सर्व श्री लक्ष्मीशंकर त्रिवेदी, श्री 'अनुपम' जी एवं श्रद्धेय श्री 'चतुरी चाचा' ने संवारा अतः इन त्रय कवियों के प्रति कृतज्ञता प्रकट करता हूँ।

पूज्यवर आचार्य परशुराम उपाध्याय, एम.ए. (हिन्दी, मनोविज्ञान), एल.टी. का चिर आभारी हूँ जिनके प्रयास एवं परिश्रम से पुस्तक प्रकाशन में आई। इसे पढ़कर जिन साहित्य मर्मज्ञ एवं विद्‌वान महानुभावों ने आशीर्वाद देकर, मंगल कामनाओं द्‌वारा प्रोत्साहित किया है, उनके प्रति हार्दिक कृतज्ञता प्रकाश करता हूँ और आशा करता हूँ कि वे भविष्य में भी समुचित मार्ग प्रदर्शन करते रहेंगे।

काव्य-साधना की प्रथम पुस्तक 'परिवा' में त्रुटियों का होना स्वाभाविक है। आशा ही नहीं, विपुल विश्वास है, सहृदय पाठक इस पर ध्यान न देंगे। यदि कविताओं की उलझी किन्तु सरल पंक्तियों से पाठकों के हृदय में थोड़ी भी सरसता आई तो अपना प्रयास सफल समझूंगा।

- कवि

शुभकामना

'परिवा' को देखकर भारी प्रसंता हुई। इसकी कविताओं के रूप में कवि जनार्दन राय में एक मौलिक प्रतिभा दृष्टिगोचर हो रही है जो भविष्य के लिए बड़ी-बड़ी आशायें बाँध देती है। यह भी उस उज्ज्वल भविष्य का दिशा संकेत है कि कवि रोने-धोने वाली और निराशाओं के बोझ से लदी काव्य प्रवृत्तियों से सर्वथा पृथक रहकर आशा, उत्साह, उल्लास और समन्वय के गीत गाता है। सरल भावुकता, स्पष्ट प्रकृति चित्रण, राष्ट-प्रेम और विविध दिशा के समावेश वाली कवि की यह शैली समुचित रूप में विकसित हो गई एवं नवांकुर को पनपने के लिए साधन सुविधाओं का अभाव न हुआ तो निश्चय ही हम 'परिवा' की परिणति किसी यशः पूत पूर्णिमा के रूप में देखेंगे।

आशा है 'परिवा' पाठकों का मनोरंजन करने में समर्थ होगी। इसके लिए कवि को बधाई।

डॉ० विवेकी राय मार्ग
बड़ी बाग कॉलोनी
लंका, गाजीपुर

डॉ. जनार्दन राय

ग्राम व पत्रालय : नराही जनपद : बलिया, उत्तर प्रदेश भ्रमण भाष: 9532129125

- एम० ए० (द्वय), बी०एड०. पी-एच०डी०, डी०लिट्०
- हिन्दी, अंग्रेजी, संस्कृत, अर्थशास्त्र, दर्शनशास्त्र, समाज शास्त्र, शिक्षा शास्त्र आदि विषयों में स्नातक।
- प्रथम श्रेणी स्नातकोत्तर उपाधि।
- साहित्येतिहास तथा आंचलिक साहित्य में शोध।
- 'मानवीय विचार' साप्ताहिक के प्रधान संपादक, नवजन्या के संपादक, हिन्दी दैनिक 'अनन्तवार्ता' एवं विभिन्न पत्र पत्रिकाओं से सम्बद्ध ।
- हिन्दी प्रचारिणी सभा एवं सन्त यतीनाथ लोक संस्कृति संस्थान के

अतिरिक्त लगभग दो दर्जन संस्थानों द्वारा सम्मानित और कतिपय व्यक्ति, संस्थानों द्वार अपमानित भी।

• पढ़ा कम, लिखा एकदम नहीं।

1. वन्दना

दीन-बन्धु, सुख-सिन्धु, दयाकर -
मुझमें ज्योति जगाओ।
चंचल-चित में मारुत मन में -
सरस स्नेह सरसाओ।
मोह, तमिस्रा मन के मल को
हमसे दूर भगाओ।
संयम, जप, तप, नियम, धर्म, व्रत,
सेवा पाठ पढ़ाओ।
कण्टकमय जीवन के पथ पर,
सुन्दर सुमन बिछाओ।
मेरे मलिन पिपासित हियको,
मधु का घोल पिलाओ।
अन्तर तम को छिन्न-भिन्नकर
उर जलजात खिलाओ।
आशा पूरित दीप दिखाकर
हिय में ज्योति जगाओ।

2. अरुणिमा

फैली है, अम्बर तल पर,
राका रानी की माया।
धूमिल होती जाती है,
रजनी की अद्भुत छाया।

पूरब दिशि पर अंकित है
मृदुमय अरुणिम यह आभा ।
अपना घूंघट पट खोले,
आई उषा स्वर्णाभा।

अरुणाभा मृदु अधरों से
आलोकित है, जग सारा।
जग में वैभव बरसाने
बिखरी है, रस की धारा ।

कंचन का थाल सजाकर
आती नव अद्भुत बाला।
कोमल किरणे कर में ले
आई है, मधु का प्याला।
मधुमय मधुरिम प्रातः में
छायी है, कैसी माया
अग जग में रसमय मस्ती
हँसती सी नव प्रतिछाया।

डॉ. जनार्दन राय

जग के प्यासे अधरों को
देने आई है, पानी।
जग का तिमिरोहित जीवन
हरने आई है, रानी।

अम्बर के तममय तन पर
अपनी शोभा छिटकाई।
जगती की माया बनकर
अरुणाभा बनकर आयी।

घन अन्धकार को हरकर
अपनी माया फैलायी।
जन-जन में अन्तर-बाहर
सौन्दर्य सुधा बरसायी ।

मुसुकान भरे अधरों पर
आनन्द प्रभा बिखराई ।
जगती के मंगल पथ पर
छायी है, मृदु अरुणाई।

कैसी है, सरस अरुणिमा
मादक मृदुतर सुख लायी।
स्वप्निल संदेश सुनाने
कवि का स्वर बनकर आयी।

3. शब्द अर्थ का परिणय

बार-बार कहते हो पागल,
छायी आज उदासी
वैभवशाली, निर्धन-प्राणी,
क्षण के सभी निवासी ।

सुख-दुख जीवन जन्म-मरण है
जग की एक पहेली।
हास-रुदन है, हार-जीत है,
जन की एक पहेली।

चलते रहते चन्द सूर्य हैं,
चलती जग की माया।
समय चक्र के परिवर्तन में
बदली मानव काया।

झंकृत होता वीणा स्वर में
स्वर है वही तुम्हारा।
गति है, गीत वही स्वरमें है,
मन है वही हमारा।

देख अमावस की रातों में,
भीषण उसकी काया।
फिर देखो ! हीरे के उर में
वही मनोहर माया।

डॉ. जनार्दन राय

सुमन बने खिलकर कलियों से
कैसी है, यह माया।
सृजनहार के महाकर्म को
किस मानव ने गाया।
पथिकों का पाथेय कौन है ?
किसने पंथ संवारा।
आदि अन्त तक ज्योति अलौकिक
साथी वही हमारा।

पास वही है, दूर वही है,
आवाहन पर आया।
जिसने ढूढ़ा अपने उर में
उसने ही है, पाया।

कवियों के निर्भय स्वर से वह
कविता के मिस आता।
संध्या की सौंदर्य कला में
छवि बनकर मुसुकाता।

अनुपमेय है, वह उदार है,
जग का वही सहारा। यहाँ,
वहाँ सर्वत्र वही है,
वह सरिता की धारा।

चिड़ियों का अद्भुत कलरव है,
वह बसंत की माया।
सुषमा का वह आदि स्रोत हैं
अनुपम है, वह काया।

चलती वायु चमकती किरणें
होता है नव अभिनय।
ब्रह्म चमकता है, जल थल में
शब्द अर्थ का परिणय।

4. पन्द्रह अगस्त ...

सुखद आयी सुबह बेला,
हर्षमय संदेश लेकर
चल चुकी परतंत्रता ले
आज अन्तिम साँस लेकर।

बिहंसती है धन्य धरती
प्रिय प्रफुल्लित राष्ट्र सारा।
कर रहा है, हृदय स्वागत
बह रही आनन्द धारा ।

मूक मैं हूँ, मौन मन है,
पर हृदय का स्नेह अर्पित
लो दिवस लो सुमन मेरे
स्नेह से सादर समर्पित।
प्रेम पुलकित सरस उर यह
हर्षमय संदेश लेकर।
पूर्ण अभिलाषा हुई पर
नव नवल बलिदान लेकर।

रक्त रंजित भूमि लेकिन
चिर-सुधा की धार बहती।
शेष जर्जर तन तपित यह
नव सुरभिमय स्वाँस चलती।
आज सदियों की गुलामी

रुदन करती अलविदा ले।
अब तुम्हारी जय रहेगी
ओ सुरभिमय स्वाँस वाले।

राज अब अपना हुआ है
नव नया सम्बल बनेगा।
स्वावलम्बन की सुशिक्षा
से हृदय मानस भरेगा।

राष्ट्र में जन के अधर पर है,
नई मुसुकान छायी
आज स्वागत है, तुम्हारा
ओ दिवस ! नवलो बधायी।

5. शरणार्थियों की पुकार ...

मैं हूँ, एक अजनबी भगवन -
मुझको राह बता दे।
नव बधुओं की लाज बचाकर -
सुख संसार बसा दे।
भवसागर है भार बन गया -
नैया पार लगा दे।
युग से ठोकर खाते जन को
सम्बल आज बता दे।
विवश, दीन, गृहहीन जनों को
सुन्दर ठौर बता दे।
वातावरण विषाक्त बना है
भगवन उसे मिटा दे।
सम्प्रदाय की द्वेष, अग्नि को
हमसे दूर भगा दे।
चलते थकित हुए पग मेरे
इसको सबल बना दे।
ओ नायक ! ओ मेरे भगवन !
बन बिहान मुसका दे।
कण्टकमय जीवन के पथ पर
सुन्दर सुमन बिछा दे।
लुटी सम्पदा बने भिखारी
भोजन हमें दिला दे।
जन्म भूमि से बिरहित जन को
केवल शरण दिला दे।

6. नींद

निद्रा के निर्मल वन में
स्वछन्द शांति चिर-यौवन
पाता रहता है, मानव -
बसुधा का नूतन यौवन।

मन शांत शयन के क्षण में
परियों से बातें करता।
पल भर में त्याग धरा को
फिर स्वर्ग लोक में चरता।

निद्रा के अंचल में जा
दुख के बादल कट जाते।
चिन्ता के कांटे पथ से
जाने कैसे हट जाते।

सुख-दुख की एक पहेली
रहती हो, संग घर बाहर।
नर बानर देव दनुज का
तू करती है सम आदर।

तेरे अंचल में देवी
सुमनों की सुखमय शैय्या
जिसमें सोते गुंदड़ी के
हैं, लाखों लाल कन्हैया।

7. चलता राही सो जायेगा

दोनों का उर एक बना है,
पर दोनों है दो घर वासी।
छीनो मत मन की आजादी
जन्तर-मन्तर के अभ्यासी।

शैशव में परिवर्तन आया
फिर किशोर यौवन भी आया।
छीन लिया किसने नव जीवन
मैं मधु स्वप्ने देख न पाया।

यौवन की लहरों में क्या कुछ
सुन पाई हो कह दे संगिनि।
विकल पड़ा हूँ विस्मित बेसुध
उर की प्यास बुझा दे संगिनि।

अब तो आया जग का बन्धन
उर से उर को आज मिलाओ।
बीते दिन रुढ़ियों को तोड़ो
मधुर प्यार का घोल पिलाओ।

प्राण न पाया त्राण कहीं पर
आज हृदय में आकुलता है।
उंगलियों के पोर गिना हूँ
मौन हृदय में व्याकुलता है।

बीते दिन के अपराधों में
छिपे-छिपे कुछ प्यार भरे हैं।
ज्वालामय इन संगीतों से
सरस हास के गंध झरे हैं।

8. रजनी से ....

आज चल पड़ी रजत यामिनी
दूर गगन में हँसती।
शिथिल पड़ चली चटक चांदनी
चढ़ी जवानी ढलती।

गगनांचल के रजत पटल पर
प्रेम क्रीड़ायें करती।
नभ में मोती कण बिखेर कर
जगती का मन हरती।

अमरपुरी की सुघर परी सी
मन्थर गति से चलती।
अपने में ही बेसुध सी वह
नवल प्रणय उर धरती ।

एक बार उर खोल चांदनी
कह दे प्रणय कहानी।
फिर से अपने विमलानन को
आज दिखा दे रानी।

ज्योतिपुंज ओ मंजुल बाला !
क्यों कर दर्द जगाती ?
जाना है, तो जल्दी आना
लेकर नवल प्रभाती।

चल देना केवल मुसुकाकर
कैसी है, मनमानी ?
क्षणभर रुककर सुनलो प्रेयसि !
कवि की विरह कहानी ।
तुम मधुशाला रूठ गई क्यों ?
मैं मधु पीने वाला संगिनि
बनवासी के जीवन बन में
नव रसधार वहा दे संगिनी।

सुन लो सुन लो दो पल प्रेयसि
कोमल हिय की मनुहारों को।
बीते कल की मधुबेला में
देखा था कुछ मधु स्वप्नों को।
स्मृतियों के मुक्तांगन में,
डोल रही सी प्रतिमा तेरी।
अपलक आँखें प्रतिपल पीती,
प्रत्न प्रीति की महिमा तेरी।

आज खड़ी क्यों मौन पहेली -
लिख दो प्रीति रीति की पाती।
शिवसलिले सम अविरल अमृत,
आज बहा दे नद बरसाती।

अजब उदासी देख रहा हूँ
मैं लघु मानव लाचारी में।
पथरायी आँखें उलझी हैं
यौवन की मुरझी क्यारी में।

कहता है, उर करुण कहानी
सुभग सबेरा फिर आयेगा।
कोमल कलियाँ मुसुकायेंगे
राज मजूरों का आयेगा।

9. अभिलाषा

तेरे चंगुल में पड़कर
मानव अभिलाषा करते।
तेरे कारण ही हम सब
नाना दुख-सुख को सहते।
वसुधा पर के तो मानव -
तेरा गुण गायन करते।
जग की वाणी कहती है
एक स्वर से तेरी जय हो।
अभिलाषा तेरी जय हो।
परियाँ मुसुकाती रहतीं
तेरे चंगुल में पड़कर
विश्वास रजत पट हंसता
तेरी छाया को लखकर।
मंजिल के पास बुलाता
तेरे संग मानव चलकर।
पशु-पक्षी भी कहते हैं
एक स्वर से तेरी जय हो।
अभिलाषा तेरी जय हो।
क्या उँच-नीच जन मन में
तू अभिलाषा रहती हो ।
क्षण भरमें व्यथित हृदय की
वेदना दूर करती हो ।
पा हृदय रिक्त क्षण भर भी
आकर परिचय करती हो।

डॉ. जनार्दन राय

सुर-असुर सभी कहते हैं
एक स्वर से तेरी जय हो ।
अभिलाषा तेरी जय हो।
दीनों के उर में आकर
आश्वासन देती हो।
सोपड़ियों के स्थल पर
महलों को रच देती हो।
चिन्ता में डूबे जन का
जीवन संगिनि बनती हो।
जल-थल नभचर की वाणी
कहती है, तेरी जय हो।
अभिलाषा तेरी जय हो।
दुख में मानव मुसुकाता
तेरा अनुराग सुधा पी।
हूँ मुसुकाती रहती हो
प्रातः की नव बसुधा सी।
जन-जन के मन से पूजित
हूँ तो सुषमा-निलय सी।
सुर नर मुनियों की वाणी
कहती है, तेरी जय हो।
अभिलाषा तेरी जय हो।
तेरे विस्तृत अंचल में
मानव की नयी कहानी।
जिसमें विचरण करती है।
कवि की अलमस्त जवानी।
दुख का सुख में परिवर्तन
देवी तुम ही करती हो ।
जन-जन की वाणी कहती
एक स्वर से तेरी जय हो

अभिलाषा तेरी जय हो ।

10. सूर्यागमन

रजत कर में ज्योति लेकर
विहँसता नव प्रात लेकर
जगत का श्रृंगार दिनकर
गगन में अंगार बनकर
ज्योति देने आ रहा है।
कौन पथ पर आ रहा है।
जन हृदय की पीर लेने
सुमन, कलि को सुरभि देने
स्वच्छ सरिता को बनाने
ज्योति देने के बहाने
दिल मिलाने आ रहा है।
मौन कोई आ रहा है।
दूर जगती के किनारे
पूर्व क्षिति-पट के सहारे
सुमन पर अलि को लुभाने
फिर वही मधुकर बहाने
मधु चुराने आ रहा है।
पास मेरे आ रहा है।
ज्योति छिटकाता विहंसता
कर किरण आगे बढ़ाता
उषा के सस्मित अधर पर
कौन है ? जो आ रहा है।
रश्मि पथ पर आ रहा है।
दिव्य दिनकर आ रहा है ।।

11. भैरव राग सुना दे

कवि तू ! भैरव राग सुना दे।
अपने सबल, सशक्त स्वरों की
प्रतिध्वनि आज गुंजा दे।
कवि तू ! भैरव राग सुना दे
दानवता को आज मिटाकर
तमस निशा को दूर भगाकर
मानव मानव को जागृति का
नूतन राग सुना दे।
प्रभुता के मद में जो डूबे
बांध रहे असफल मनसूबे
उनको आज नये ढंग से फिर
नैतिकता का पाठ पढ़ा दे।
भूखे शिशुओं का क्रन्दन सुन
जन जन की आरत वाणी सुन
करके अब विध्वन्स रूढ़ि का
नयी क्रान्ति का गान सुना दे।
पीड़ित और उसांसित जन पर
शोषित और प्रताड़ित जन पर
आज नयी निज स्वर लहरी से
रस की धार बहा दे।

12. प्राचीन गौरव

जागरण गीत के साथ जगा
विज्ञान ज्ञान इस भारत पर
हो गया शीघ्र सबका रहबर
अपने पौरुष श्रम के बल पर।
जिस समय विश्व के अन्य देश
थे अन्धकार में पड़े हुए।
उस समय यहाँ के सम्य सुघर
थे, ज्ञान शिखर पर चढ़े हुए।
जिस समय जीव बनचर से थे
मनु-वंशज भी, भूखों मरते।
औ भूख मिटाने के निशिदिन
जंगल में पशु मारा करते।
उस समय आर्य इस भारत में
थे, कृषि सुकर्म में लगे हुए।
ईंटे मिट्टी से नव विरचित
चित्रित गृह थे, अति सजे हुए।
कुछ समय बीत जाने पर जब
भारत सुविधा सम्पन्न हुआ।
तब आर्य जाति के अन्तर में
वाणिज्य कर्म उद्भूत हुआ।
अपनी नावों को वे लेकर
थे, अन्य देश को भी जाते।
सोते मानव को जगा जगा
भारत यश को वे, फैलाते।

इस तरह नवल उद्बोधन से
भारत ने शिक्षा दान किया।
इस भव्य देश की सेवा से
जगने निज मस्तक उच्च किया।

13. बसन्त

गेंदा, गुलाब के सुमनों से
मधुमास मनाता है, मंगल।
कलियों से लेकर मधु-सौरभ
नर्तन करता है, अलि चंचल।
सरसो, रसाल फल-फूलों में
सौंदर्य मधुर है, छवि अनन्त
पतझर की सूखी टहनी पर
अपने पग रखता है, बसंत।
मानव के मन में सुख अनन्त
वरदान वरद फिर भी चंचल।
कर श्रीवर का प्रिय नव-दर्शन
लहराता है, कृषि का अंचल।
किंशुक, तिलकों के तरुओं का
सुषमा करती है, अभिनन्दन।
पा गुम्फित स्वर्णिम पंखुरियाँ
मधुकर करता है, नव नर्तन।
मिट गया शरद, मधुमास-प्रिये।
है, आज कहाँ ? तन का कम्पन।
हेमन्त शिशिर की क्या चिन्ता ?
देखो, अलि का कलिसे चुम्बन।
फैली सुगन्ध वन उपवन में
गल गया शरद का तन निष्ठुर
जगती को सौरभ सुख देने
आया मधुमास मधुर सुन्दर।

धरती का कण-कण है, प्रसन्न
छवि छिटकी है, अगणित अनन्त।
गाता है, मधुकर मधुर गान
तेरा आगत सुन प्रिय बसंत।
कोयल के मीठे कलरव में
तुम कू-कू करते हो बसंत।
कलियाँ खिलती हैं, विविध रंग
वरदान अमर है, यह अनन्त ।
आ गया सुघर ऋतुराज अमल
जीवन में यौवन का आना।
पतझर है, फिर भी अभिनन्दन
पीले पल्लव पर परवाना।

14. गूंथू प्रिय पहिनाऊँ

दलती रजनी की बेला में
कैसे गीत सुनाऊँ ?
रूखे दिल के कर्कश ध्वनि से
प्रियतम कैसे गाऊँ ?
गगन पटल पर लुक छिप चन्दा
कैसे ज्योति जगाऊँ ?
उड़ चलने को पंख नहीं फिर
कैसे मन बहलाऊँ ?
बिखर गए है दीयों के स्वर
मन कैसे भरमाऊँ ?
रूखे स्वर में साधु कैसे
कैसे बीन बजाऊँ ?
फूल कहां ? मैं पाऊं प्रियतम
कैसे हार बनाऊँ ?
हिय के फूल प्रणय की डोरी
गूंथू प्रिय पहिनाऊँ ?

15. मधुर स्वर सुना दो

मृदुल गीत गा दो
मधुर स्वर सुना दो
चमकते हो जुगनू, हृदय को लुभा के
मनोवृति को तुम, जगाते हो आ के
निशा में मथुर तुम, लिये लालिमा हो
घटा कालिमा की मिटाने चले हो
मृदुल गीत गा दो
मधुर स्वर सुना दो
मेरा उर है व्याकुल, मृदुल गीत गा दो
निशा में नयी ज्योति, जुगनू जगा दो
अखिल विश्व खाली, मेरा मन समझता ललायित हो कानों के परदे
सताता
मृदुल गीत गा दो
मधुर स्वर सुना दो
हृदय में छिपी है, व्यथा एक भारी
हृदय चाहता, रूप दर्शन तुम्हारी
कौन तुम ? लिये, लालिमा कालिमा में
कौन तुम ? मचलते, चले हो निशा में
मृदुल गीत गा दो।
मधुर स्वर सुना दो
मिले ज्योति जग को, यही चाहता हूँ
तुम्हारी मधुर मैं, मिलन चाहता हूँ
दिखाकर मधुर ज्योति, अब स्वर सुना दो
दिये ज्योति जग को, पुनः मुसकुरा दो

डॉ. जनार्दन राय

मृदुल गीत गा दो
मधुर स्वर सुना दो

16. दीपावली

नभ से आज उतर कर तारे
नव प्रकाश फैलाये।
जन-जन के मानस मानस में
नयी चेतना लाये।
आज तिमिर की काली चादर
जग से दूर भगाये।
लघु लघु यह मिट्टी के दीपक
नव संसार बसाये।
नव-नव दीप-शिखा से अपनी
जग में ज्योति जगाये।
आज वर्ष के बाद पुनः ये
स्नेह छटा बन छाये।
भव्य दीप ये मानव निर्मित
सुख संदेश सुनाते।
हित चिंतक 'बहुजनहिताय' में
जल कर स्वयं बताते।
चमक दमक औ विहंस-विहंस कर
ये नव ज्योति जगाते।
परहित साधनरत ये लघु दीपक
नवल मंत्र दे जाते।
महलों में भी झोपड़ियों में
एक तार से जलते।
प्रबल तिमिरमय ग्राम गृहों को
ये प्रकाश से भरते।

डॉ. जनार्दन राय

तिमिर निशा में जलते दीपक
आग-जग का मन हरते।
सूनी-सूनी सी धरती पर
प्रणव प्रवर्षण करते ।
विजयी लक्ष्मण-राम-जानकी
की तिथि याद दिलाते।
राज बलि की यही दीवाली
आज मनाओ भाई।
दीपक के संग आज जला दो
अपने मन की काई।
आज सितारों का शशि राजा
नभ में स्वयं छिपा है।
दीपों की महफिल से लज्जित
होकर दूर भगा है।
सोता जग पर जलते परहित
दीप मधुर मन भाते।
आकर तुम पर कीट पतंगे
अपना प्राण लुटाते ।
ओ दीपक ! तेरी आभा से
तम काया भग जाती।
तेरे नव अभिनव प्रकाश से
तिमिर निशा छिप जाती।
ज्योति जगत को तू देते हो
तू मंगल की ढेरी।
दो प्रकाश तुम सदा सर्वदा
.है, अभिलाषा मेरी।
शांति मनोरम निर्मल उर से
ज्योति जगत को देते।
तम को क्षण में दूर भगाकर

अविरल गति भर देते।
धन्य धन्य है, धन्य दीपावलि
आगम तेरा सुन्दर ।
जिससे मोहित है, जग सारा
श्रीहत् स्वयं पुरन्दर ।
आशा दीप जले क्षण प्रति क्षण
है, प्रसन्न जग सारा।
धरती के प्रांगण में छलके
नवल प्रणय की धारा।
मने दीवाली रोज यहाँ पर
सुख की कलि खिल जाये।
गाँव की गलियों में
जले दीप की माला।
संस्कृति धार धवल हो अविरल
अमर दीप की माला।

17. बापू के प्रति

लिख दिया तू ने समय पर
विश्व का इतिहास उज्ज्वल
'सत्य' को सार्थक बनाकर
कर दिया साकार निर्मल।
'शिवं' की सुन्दर किरण से
तिमिर निशि तू ने भगाया।
साधनारत ओ तपस्वी !
'सुन्दरं' तुमने बताया।
थे अहिंसा के पुजारी
दीन, दुखियों सहारा।
कोटिशः त्रासित जनों के
हृदय को तू ने संवारा।
शोक, पीड़ा, ग्लानि, हिंसा
क्रूर कर्मों के विरोधी ।
बुरों के भी सुहृद थे तुम !
पर बुराई के विरोधी ।
निशि तिमिर में जो जलाया
दीप सुन्दर ज्योति वाला।
छिप गया वह महा मानव
सत्य शिव सिद्धान्त बाला।
ज्योतिमय जो जल रहा था
ले लिया वह चिर विदाई ।
हाय ! कितनी क्रूर बेला
साथ लेकर शोक आई।

दलित मानव तुम बताओ
कौन जीवन यंत्र होगा ?
शोषितों के दर्द दिल का
कौन अभिनव मंत्र होगा ?

18. किसने तान सुनायी

प्रातः की मधुरिम बेला में
किसने तान सुनायी।
गयी, यामिनी भगे सितारे
अरूणिम की छवि छायी।
फूलों में हंसते गिरिधारी
गोपियन नाच नचायी।
सुमन सेज पर पड़े श्याम को
सखियाँ जान न पायी।
खोल री घूंघट बंशी वाजी
छवि ने किरण बिछायी।
मलय पवन मकरन्द लिये
जग में सुन्दरता लायी।
मुरली आई अरुण अधर पर
बिरहिनि की सुधि आयी।
उठी तरंगें जमुना जल सम
उर में भाव भरायी।
मुरली का सुन्दरतम मृदु स्वर
राधा के मन भाई।
बाबलि हुई रमणी सज ब्रज की
वृंदावन को धाई।
वंशी है एक बाँस समझना
कविता मन की कायी।
जीवन जल है; अद्भुत काया
माया काया काई ।

19. शांति का प्रतीक - भारत

नव भारत के उत्थान हेतु
नित चलती नयी कहानी है।
जर्जर इस बूढ़े भारत में
शोषण की बड़ी कहानी है।
इस अल्पावधि के दुर्दिन में,
जो कुछ भी हम कर पाये हैं।
दुनियाँ के सारे देशों को
एक नवल रूप दिखलाये हैं।
लेकर हम राज अहिंसा से
हिंसा को दूर भगाये हैं।
पददलित आज मानवता को
एक नयी राह दिखलाये हैं।
हम पंचशील के बल पर ही
अपने को सबल बनाये है।
भाई-भाई के नाते से -
जग में कुछ कीर्ति जगाये है।
जग के जन हैं, भाई-भाई
ये शब्द सभी को भाये हैं।
कातर जगती की जनता को
हम नव संदेश सुनाये हैं।
सच भारत है, जग का प्रधान
बन विश्वशांति का सु-प्रतीक।
बापू के पथ पर चल चलकर
है, विश्व चेतना का प्रतीक।

डॉ. जनार्दन राय

जय अपने अमर शहीदों की
जो नवयुग का निर्माण किये।
बापू जी को है, नमस्कार
जो अभय ज्योति का दान किये।
तोड़ो-तोड़ो बन्धन बेड़ी
यह नव युग की अंगड़ाई है।
हो जा स्वतंत्र, परतंत्र राष्ट्र
चैतन्य चित तरुणाई है।

20. कैसे उर ने पाया

सागर की चंचल लहरों में
उपवन के फूलों में
पूछा प्रियतम को जन-जन से
नहीं कहीं पर पाया
ऊषा दुपहरी औ रजनी में
अम्बर की लाली में
पूछा प्रिय को मलय पवन से
नहीं कहीं पर पाया
ऋतुओं के चिर परिवर्तन में
पाहन शिल्प शिला में
ढूंढ़ा प्रिय को मस्जिद मन्दिर
नहीं कहीं पर पाया
मधुर प्रणय की सूत्र ग्रन्थि में
पावन मन मन्दिर में
अपने ही उत्कण्ठित उर में
मुसुकाता प्रिय पाया।

21. किसान

जिसके सहवासी पत्र-पुष्प
मन हरने वाली धरती है।
खेतों में हंसती हरियाली
नारी, नर के मन हरती है।
रूखा, सूखा भोजन करके
धरती पर सोया करता है।
अपने श्रमसीकर धारा से
धरती को धोया करता है।
विशुभ्र श्वेत कुन्तल सुन्दर
दोपहरी में लहराते हैं।
वे भारत के भगवान
खेत में अपना मन भरमाते हैं।
नन्हें नन्हें तरु के नीचे
प्रिय उनकी पड़ी पलानी है।
जिसमें प्रातः का मन्द पवन
कुछ कहता कर्म कहानी है।
कर्मठ किसान ! त्यागी किसान !
सच में ही जीवन दानी है।
वह पीड़ित, भूखा, नंगा है
फिर भी वह अति अभिमानी है।
टूटी, टेढ़ी पर स्वच्छ कुटी
कुदरत की नव रंगशाला है।
है, अम्लान भारत किसान
कुटिया उसकी मधुशाला है।

प्रकृति की स्वप्निल नवल खेल
है कभी दिवस तो कभी रात।
आते विहंग हैं, नीड़ों में
बीती संध्या आ गयी रात।
दिन के व्यतीत होते होते
तन पड़ा शिथिल हो गये श्रांत।
कर में कुदाल अन्तर - प्रकाश
फिर चिर प्रकाश को प्राणिपात !
खेतों से कितना चक्षु-राग
जाड़े की है, उद्दाम रात।
तू धीर-बीर, कर्मठ योगी
तुम आप्तकाम हो आत्मसात।
अनुरंजित रजनी में निशिपति
रंगरेली स्वयं मचाता है।
धीरे से नभ से उतर चांद
उसका सहवासी आता है।
कर्मठ किसान है आत्मकाम
पर वह तो स्वयं अथामी है।
जगती का करता, हित प्रतिपल
पर वह तो स्वयं अकामी है।
भारत के गाँवों-गंवई की
नंगी तस्वीर पुरानी है।
भूखा रहकर भोजन देता
यह आर्ष राष्ट्र का प्रानी है।
कुछ करें कर्म, हम खेतों में
धरती माँ हमें बुलाती है।
हम हैं, गाँवों के दीन कृषक
मेरा संघर्ष, कहानी है।

22. सुन्दर फूल चले जाते हैं

सरिता की पावन धारा में
सुन्दर फूल बहे जाते हैं।
खिलते पर क्षण में मुरझाते
सुन्दर सुमन कहे जाते हैं।
प्रातः खिलते दो दिन रहते
देवों की माला बनते है।
जीते पर 'बहुजनहिताय' में
मधु की रवानि कहे जाते हैं।
सुन्दर फूल चले जाते हैं।
मानस-मानस में मादकता,
मस्त जवानी भर जाते हैं।
कानन की सूखी डाली पर
हंस कर मंगल कर जाते हैं।
मधु ऋतु के मादक सुगन्ध में
वे ही फूल समा जाते हैं।
मंगल बनकर अर्ध्यदान की
अंजलि वही सजा जाते हैं।
सुन्दर फूल चले जाते हैं।
ओ मानव तू फूल बने जा,
जो हरदम हंसते रहते हैं।
ओ नवचेतन ! वही फूल बन
जो केवल क्षण भर रहते हैं।
किन्तु सदा हंसकर, मुसुकाकर
अपनी सुरभि लुटा जाते हैं।

मरते दम भी मानव तुमको
सुन्दर पाठ पढ़ा जाते हैं।
सुन्दर फूल चले जाते हैं।

23. मजदूर

जगती जननी का परम पूत
मजदूर नाम जग ध्रुवतारा।
जन-जन की वाणी कहती है
वह शूर अभय भू का प्यारा।
चेतो चेतो मजदूर भला
आवे जड़ में भी चेतनता।
झंकृत कर दो उर तार तनय
जग जाये सोयी मानवता।
मन की तन्द्रा, निद्रा त्यागो
कानन में कलियाँ रोती हैं।
तेरे तन पर है जमी धूल पर
समझो मनके मोती हैं।
तेरे श्रमसीकर के बल पर
वैभव की गाड़ी चलती है।
तेरे अन्तः में जनहित की
मधु-पूरित कलिका पलती है।
दिन कितने बीते आशा में
आंधी, पानी, तूफानों में
है, क्या परिवर्तन जीवन में
बहती आंसू की धारा में
रहते हो निशि दिन कर्मनिरत
उर की यह कैसी अभिलाषा
तुम हो संसृति के नर-नाहर
जगती की तुम हो परिभाषा।

तेरे पौरुष की स्याही से
निर्मित होगी जन की गीता
जब भीम बनेगा भारत का पर्याय
अभय होगी सीता।

24. आत्मा की पुकार

सावन की स्वर्णिम रजनी में
आज सखी | परदेश गये से।
हिय-तरु की शीतल छाया को
क्यों मेरे प्रिय छोड़ गये से।
छायी इस पनघोर घटा में
मेरा स्वर कब गूंज उठेगा।
भारत के कोमल कानों तक
कैसे यह स्वर बोल उठेगा।
दुखिता अरमानों की नगरी
पल-पल प्रतिक्षण डोल रही है।
आज हमारी नव सन्ताने
कातर स्वर में बोल रही है।
आओ आओ ओ मेरे प्रिय ।
है, परिवर्तन आने वाला।
सूने-सूने से जीवन में
है, रस क्षण में आने वाला।
जब बन जाती है, उर में भय
बच्चों से कुछ कह लेती हूँ।
पिता कहाँ हैं ? इन प्रश्नों पर
मैं उनको भुलवा देती हूँ।
जब पक्षी का कोमल कलरव
कानों में आकर पड़ता है।
तब मेरा सूना सा जीवन
व्यथा भार फिर बढ़ चलता है।

आया है, यह समय सत्य है
माता की जयकार मनावें।
मानवता के हित चिंतन में
अपना जीवन सुफल बनावें।

25. मंजिल प्रिय कुछ दूर

रात शरद की, राह कठिन है,
मंजिल, प्रिय कुछ दूर
भेजा है, जिसने इस पथ पर
स्नेह दिया भरपूर।
छोड़ रही है, रजनी बाले !
यह आँसू की धार
मैं रोती रजनी को देखूँ
या दुख पारावार।
मंजिल तक कैसे जाऊँ प्रिय
कितनी दुस्तर राह।
अभी दूर है दूर किनारा
कण्टकमय यह राह।
राका के इस मध्य पहर में
जग लेता विश्राम ।
रुदन करूँ या गाऊँ प्रियतम
रूखे उर को थाम।

26. तितली

बिहँसती चली झूमती रूप-रानी -
चली नेह से कुछ सुनाने कहानी
मधुर स्वाद से है, मधुर कण्ठ वाली
सुमन देखने को चली रूप वाली
निरखती पथिक सी चली आ रही है।
लिये रूप रति अप्सरा आ रही है।
मदन को लुभाती चली आ रही है।
न जाने सुमन का हृदय पा गई है।
समझ अन्य प्रेमी तुरत प्रेम तोड़ी
अधर के मधुर हास मुसुकान छोड़ी
सुघर पुष्प के रस नवल प्रेम पाकर
उड़ी वह उड़ी पर मधुर सार लेकर
चली चंचला-चित चितवन चुराती
अतः ये रजत-स्नात धरती न भाती
यही टीस मेरी कसकती कहानी
तितलियों का जीवन जर्मीं की जवानी।

27. ओ शहीद

ओ शहीद ! तुम धन्य धन्य हो, धरती के ध्रुवतारा।
संसृति के तुम ही सपूत हो, तुम संसार सहारा।।
क्रान्ति, शान्ति में परिवर्तन कर, तुमने रूप संवारा ।
क्षमा, दया की मंजु मूर्ति हो, मंगल नाम तुम्हारा।।
दुर्गम पंथों पर जगती के तुमने फूल बिछाया।
जटिल, रूढ़ि, जंजीर तोड़कर, तुमने गान सुनाया।
सदियों से भूले मानव को तुमने राह दिखाया।
अपने को दे बलिवेदी पर, माँ की लाज बचाया।
संगीनो को रोक वक्ष से हिंसा दूर भगाया।
जुल्मी जनता के अन्तः में तुमने आग लगाया।
मूढ़ तमस में बीर तुम्हीं ने ज्योतिर्दीप जलाया।
दुख दर्दों से साहस लेकर तुमने प्राण गंवाया।
धरती के तुम दिव्य ज्योति हो सम्बल और सहारा।
गंगा, जमुना की लहरों से पावन हृदय तुम्हारा।
क्रान्ति - शान्ति के तुम प्रतीक हो धरती के ध्रुवतारा।
पाकर ज्योति अलौकिक तुमसे चमका देश हमारा।
ओ शहीद ! तुम धन्य धन्य हो धरती के ध्रुवतारा ।

28. नाविक से

नाविक तुम क्यों तूफानों में
अपनी नौका खोल रहे हो।
अपने जीवन को लहरों में,
दे क्यों तुम बेमोल रहे हो।
मैं कहता हूँ, सोचो प्रियवर,
रात अंधेरी टल जाने दो।
आशा की वह एक रेख है
बिपदा-बादल छँट जाने दो।
इस विनाश के बीहड़ पथ से,
अपनी नौका दूर हटा ले।
बाधाओं से खेल-खेल कर
अपने उर में ज्योति जगा ले।
देखो ! सागर की छाती पर
कितनी लहरें खेल रही हैं।
अंधकार की काली किरणें
सागर- तल पर लेट रही हैं।
कुछ है, दूर किनारा नाविक
सुभग सबेरा हो जाने दो।
अरे ! वायु के तीव्र वेग को
धीरे धीरे चल जाने दो।

29. न याद कर सका तुम्हें न गान ही सुना सका

सुघर सुमन बना कभी न गंध बन विखर सका।
न याद कर सका तुम्हें, न गान ही सुना सका।
छांह पा किसी तरह, तुम्हें न छाँह दे सका।
पला अवश्य प्यार में, न बात यह बता सकी।
बसंत की छटा कभी, न खोल कर दिखा सका।
न याद कर सका तुम्हें, न गान ही सुना सका।
न दीन हीन बन्धु से, हृदय कभी मिला सका।
सहर्ष तान बीन की, न मैं कभी बजा सका।
उदार भाव से कभी, न हाथ ही उठा सका।
न याद कर सका तुम्हें, न गान ही सुना सका।
स्वरूप पूर्ण बन सुमन, न मैं कभी निखर सका।
हँसा न कण्ठ खोलकर, न मैं हंसी निरख सका।
न मैं कभी किसी तरह, विकास गीत गा सका।
न याद कर सका तुम्हें, न गान ही सुना सका।

30. प्रेम क्या केवल घृणा है

गगन, भूतल बीच की तुम
हो, मुकुलिता नव, दुलारी
प्रबल उमड़ी आज उर में
भावना की आह प्यारी।
प्राण-तरु के दो विभाजन
बन विरह मत साल रानी।
मिल न पायेंगे कभी हम
इस मिलन के बाद रानी।
तुम चकोरी, चाँदनी हो
और तुम हो, नव सयानी।
गीत है यह स्वर पुराना
पर सुरभिमय रात रानी।
प्रेम बनने जा रहा है
औ प्रिये ! प्राणान्त रानी।
प्रेम क्या ? केवल घृणा है।
बस पिला दो घूंट पानी।

www.ingramcontent.com/pod-product-compliance
Lightning Source LLC
Chambersburg PA
CBHW022113150726
47990CB00003B/1346